QUOTE UNQUOTE

Spanish

QUOTE UNQUOTE

Spanish

Edited by
ANTHONY LEJEUNE

STACEY
INTERNATIONAL

Stacey International
128 Kensington Church Street
London W8 4BH
Telephone: +44 (0)20 7221 7166 Fax: +44 (0)20 7792 9288
Email: info@stacey-international.co.uk
www.stacey-international.co.uk

First published by Stacey International in 1998
as part of *The Concise Dictionary of Foreign Quotations*

© Stacey International 2008

ISBN: 978-1-9052-9958-4

Series editor: Anthony Lejeune
Assistant editor: Kitty Carruthers

British Library Cataloguing-in-Publication Data
A catalogue record for this publication is available
from the British Library

PUBLISHER'S PREFACE

'No eran sino molinos de viento, y no lo podía ignorar sino quien llevase otros tantos en la cabeza' ('There were only windmills, and no one could doubt it save a man who carried similar windmills in his head').

The swish of a painter's brush and the scratch of a writer's pencil can be heard through these pages. For this book takes us on a journey through an artists' land. Like Cervantes' Don Quixote travelling with his faithful Sancho Panza, we find a land punctuated with many and varied diversions along the way, windmills included. Like a Velásquez canvas or Calderón play, the scene unrolls vibrantly. (Goya, Dalí and Lorca are all sons of Spanish soil.) As for Picasso, it was he, of course, who explained: 'Pinto las cosas como las pienso, no como las veo' ('I paint not what I see but what I feel').

And so to the world of the written word, and Antonio Pérez, the sixteenth-century Spanish statesman, who provides perhaps the most apt lines – for a book of quotations – of all the many thousand in this series: 'La pluma corta más que espadas enfiladas' ('The pen cuts deeper than a sharpened sword'); and 'Las palabras, vestido de los conceptos' ('Words, the garment of thought').

But our travels take us far beyond the Iberian peninsula, across the Atlantic, stopping next at Colombia, home to the novelist Gabriel Garcia Márquez: 'El que espera lo mucho espera lo poco' ('He who awaits much can expect little'). Distance aside, Márquez is father of that most Spanish sentiment: 'Un sólo minuto de reconciliación tiene más mérito que toda una vida de amistad' ('A single minute of reconciliation is worth more than a lifetime of friendship').

Our journey spans not only oceans but centuries. And

with the change in time comes a new artistic medium. By the middle of the twentieth century, Madrid had become a leading light in the world of film. Here we find the director Fernando Trueba: 'La vida es una película mal montada' ('Life is a badly edited film') and his fellow fim-maker Louis García Berlanga, who declares: 'El erotismo es la pornografía vestida por Christian Dior' ('Eroticism is pornography in a Dior dress').

On our return, we could do worse than recall the epitaph to *Don Quixote*: 'Morir cuerdo, y vivir loco' ('To die in wisdom having lived in folly'). May its readers find in this ragtag collection both wisdom and folly aplenty.

Christopher Ind
September 2007

Miguel Ángel Aguilar (born 1943)
El privilegio máximo es no tener jefes ni súbditos.
The greatest privilege is to have neither bosses nor subordinates.

Baltasar del Alcázar (1530-1606)
Si es o no invención moderna,
vive Dios, que no lo sé!
Pero delicada fué
la invención de la taberna!
Whether or not it was a modern invention, by God I cannot tell! But the invention of the tavern was indeed a dainty thought!

Vicente Aleixandre (1898-1984)
Hay quien llora lágrimas del color de la ira.
There are people who cry wrath-coloured tears.
  Pasión de la tierra

Sólo la luna sospecha la verdad. Y es que el hombre no existe.
Only the moon suspects the truth. Which is that mankind does not exist.
  Mundo a Solas

Alfonso XIII (1886-1941)
No quiero que se vierta una sola gota de sangre española por mi persona.
I do not want one drop of Spanish blood to be spilled on my account.

1

Juan Ruiz de Alarcón y Mendoza (c 1581-1639)

El rostro feo
Les hic ever del temor.
I let them see the ugly face of fear.
  No hay Mal que por Bien no Venga

No está lejos de su acuerdo
El loco que conoce su locura.
The madman who knows his madness is not far from
sanity.
  La Amistad Castigada

Que es como pimienta el oro
Que al que más come más pica.
Gold is like pepper. The more you eat the more it
pricks you.
  El Desdichado en Fingir

Pedro Almodóvar (born 1949)

El deseo es algo irracional por el cual uno siempre tiene que
pagar un alto precio.
Desire is something irrational for which one always has
to pay a high price.

Mujeres al borde de un ataque de nervios.
Women on the verge of a nervous breakdown.
  Title of a film

No soporto al artista cuya principal motivación sea la
provocación. Creo que los grandes provocadores lo son sin
proponérselo.
I cannot stand an artist whose main motivation is to

provoke. I believe the great provokers are those who did not mean to be so provocative.

Andrés Fernández de Andrada (1575-1648)

La codicia en las manos de la suerte
Se arroja al mar, la ira a las espadas,
Y la ambición se ríe de la muerte.
Greed seeking fortune braves the ocean, anger throws itself on the swords of the enemy, and ambition laughs at death.

    Epístola Moral

Más triunfos, más coronas dió al prudente
Que supo retirarse, la fortuna,
Que al que esperó obstinada y locamente.
Fortune has given more victories and prizes to those who knew when to withdraw than to those who obstinately and insanely waited in hope.

    Ibid.

Un ángulo me basta entre mis lares,
Un libro y un amigo, un sueño breve,
Que no perturben deudas ni pesares.
For me it is sufficient to have a corner by the hearth, a book and a friend, and a nap undisturbed by debts or grief.

    Ibid.

Anon

Dios qué buen vassallo, si oviesse buen señor!
God, what a fine vassal, if only his lord were as fine.

    Poema del Mío Cid

Reynaldo Arenas (1943-90)
La religión nunca debe olvidarse porque entonces los
pecados perderían su gracia.
Religion should never be forgotten, otherwise sins
would stop being fun.

Fernando Arrabal (born 1932)
Los fanatismos que ms debemos temer
son aquellos que pueden confundirse con la tolerancia.
The fanaticism we should most fear is that which can
be mistaken for tolerance
   La Torre Herida por el Rayo

Francisco Ayala (born 1973)
El verdadero ejercicio intelectual no consiste en seguir
modas, sino en encararse con las dificultades de la propia
época.
Real intellectual activity consists, not in following
trends, but rather in facing the difficulties of the time.
   El Escritor en la Sociedad de Masas

Un arte para minorías sólo puede lograrse en medida
considerable y ser un gran arte cuando sea el arte de una
sociedad regida por esas minorías; en una sociedad
dominada por las masas, si acaso puede haber un gran
arte, no sera sino un arte popular.
An art for minorities can only be properly achieved
and be great art when it becomes the art of a society
ruled by those minorities; in a society dominated by
the masses, if great art is possible, it will be nothing
more than popular art.
   El escritor y el cine, Mitología del cinema

Manuel Azaña (1880-1940)

*En España la mejor manera de guardar un secreto es
escribir un libro.*
The best way of keeping a secret in Spain is to write a book.

*La libertadno hace felices a los hombres, los hace
sencillamente hombres.*
Freedom does not make men happy, it simply makes
them men.

José Martinez Ruiz Azorín (1874-1967)

*Cuando hacéis con la violencia derramar las primeras
lágrimas a un niño, ya habéis puesto en su espíritu la ira,
la tristeza, la envidia, la venganza, la hipocresía.*
When you use violence to draw the first tears from a
child, you have just put into his soul rage, sadness,
envy, vengeance and hypocrisy.

Sin los escritores, aum los actos más laudables son de un día.
Without writers, even the most praiseworthy acts last
only a day.
   De un atranseúnte 16-VI-1914

Gonzalo Torrente Ballester (1910-99)

*En este país en que siempre estamos clamando por la
libertad, no siempre se perdona la libertad.*
In this country where we are always claiming liberty, a
liberty is not always forgiven.

*La peor soledad que hay es el darse cuenta de que la gente
es idiota.*
The worst solitude is realising that people are idiots.

5

*Uno buena mentira hay que contarla por etapas, como
toda narración bien compuesta.*
A good lie must be told in chapters like a well
composed story.

Uno no es más que lo que acerca de uno creen los demás.
One is only what others think of us.

Pedro Calderón de la Barca (1600-81)
*De sola una vez a incendio
Crece una breve pavesa.*
In a single instant a tiny spark can be fanned into a blaze.
  El Alcade de Zalamea

*En un ánimo constante
Siempre se halla igual semblante
Para el bien y el mal.*
A constant spirit always shows the same face to good
and bad alike.
  El Príncipe Constate

*Todos sueñen lo que son,
Aunque ninguno lo entiende.*
Everyone in the world dreams what he is, although none
realises it.
  La Vida es Sueño

Pío Baroja (1872-1956)
Auna colectividad se la engaña siempre mejor que a un hombre.
A group is always more easily deceived than an
individual.
  Memorias de un Hombre de Acción

Dejemos las conclusiones para los imbéciles.
Let us leave conclusions to imbeciles.
    Ibid.

*El mérito para los snobs es hacer siempre descubrimientos.
Así han llegado al dadaísmo, al cubismo y a otras
estupideces semejantes.*
For snobs merit lies in always making discoveries. That
is how they arrived at Dadaism, Cubism and other
similar stupidities.
    Ibid.

*La generalidad de los hombres nadamos en el océano de la
vulgaridad.*
Most of us swim in the ocean of the commonplace.
    Las Inquietudes de Shanti Andía

La historia es una rama de la literatura.
History is a branch of literature.
    Memorias de un Hombre de Acción

*La literatura no puede reflejar todo lo negro de la vida. La
razón principal es que la Literatura escoge y la vida no escoge.*
Literature cannot reflect all the darkness of life. The main
reason for this is that Literature selects and life does not.
    Ibid.

*Más vale ir al presidio para toda la vida que no denunciar
a un hombre.*
It is better to go to prison for life than to denounce
someone.
    La Dama Errante

Gustavo Adolfo Bécquer (1836-70)

Hoy la he visto..., la he visto y me ha mirado...
¡Hoy creo en Dios!
Today I saw her, and she smiled at me.
Today I believe in God.

Rimas

Los suspiros son air y van al aire.
Las lágrimas son agua y van ai mar.
Dime, mujer: cuando el amor se olvida,
¿sabes tú a dónde va?
Sighs are air, to air returning, tears are water, to the
sea. But when love has been forgotten, tell me,
woman, where goes he?

Ibid.

¡Por una mirada un mundo;
por una sonrisa, un cielo;
por un beso... iyo no sé
qué te diera por un beso!
For one look...I would give my world, for one smile... I
would give all my heaven, for one kiss... I do not
know what I would give for one kiss.

Ibid.

'*¿Qué es poesía?*' – *dices mientras clavas en mi pupila tu*
pupila azul.
'*¿Qué es poesía?*' *Y tú me lo preguntas? Poesía...eres tú.*
'What is poetry?' you ask as you hold my eyes with
your eyes of blue.
What is poetry? Well, since you ask me, it is you.

Ibid.

Juan Alberto Belloch (born 1950)

Los jueces se rigen por la ligalidad; los políticos por la oportunidad.

Judges are guided by the law, politicians by expediency.

El País International, 1994

Jacinto Benavente y Martínez (1866-1954)

Crispín: ¡Antes me desprendiera yo de la piel que de un buen vestido! Que nada importa tanto como parecer, según va el mundo, y el vestido es lo que antes parece.

Crispin: I would sooner take off my skin than my good clothes. As this world goes, nothing is so important as appearances, and one's clothes, you must admit, are the first things to appear.

Los intereses creados

El amor es como Don Quixote, cuando recobra el juicio es que está para morir.

Love is like Don Quixote, when it regains sanity it is about to die.

Attrib.

El pretexto para todas las guerras: conseguir la paz.

The excuse for all wars: to obtain peace.

El Mundo, 19-VIII-1992

Malo es tener pensado ni previsto nada en la vida.

It is bad to plan or foresee anything in life.

Rosas de Otoño

BENET

Nada prende tanpronto de unas almas en otras como esta simpatía de la risa.
Nothing is so contagious as the sympathy of a smile.
   Los Intereses Creados

Solo temo a mis enemigos cuando empiezan a tener razón.
I fear my enemies only when they start being right.
   Attrib.

Todos creen que tener talento es cuestión de suerte; nadie piensa que la suerte pueda ser cuestión de talento.
Everybody thinks that having talent is a matter of luck; nobody thinks that luck could be a matter of talent.

Juan Benet (1927-93)
El error obliga a rechacer el camino y eso enseña muchas cosas. La duda, no. Entre el error y la duda, opto siempre por el primero.
Errors force us to retrace the road and that teaches us much. Doubt does not. Faced with error and doubt I always choose the former.

En realidad el presente es muy poca cosa: casi todo fue.
The present is really very small: almost everything has already happened.
   Volverás a Región

José Bergamín
El valor espera; el miedo va a buscar.
Courage waits; fear goes searching.
   El Arte de Birlibirloque

La constancia de la veleta es cambiar.
A weathercock's constancy lies in change.
   Prosas Previas, Aforística Persistente

Luis García Berlanga (born 1921)
El erotismo es la pornografía vestida por Christian Dior.
Eroticism is pornography in a Dior dress.

Jorge Luis Borges (1899-1986)
Actualmente yo me definiría como un inofensivo
anarquista; es decir, un hombre que quiere un mínimo de
gobierno y un máximo de individuo.
Nowadays I would describe myself as an inoffensive
anarchist; that is, a man who wants a minimum of
government and a maximum of individuality.
   Soy

Las perplejidades que no sin alguna soberbia se llaman
metafísica.
The perplexities that, not without some arrogance, are
called metaphysics.
   Elogio de la sombra, Prólogo

El original es infiel a la traducción.
The original is not faithful to the translation.
   Sobre el 'Vathek' de William Beckford

Hay una línea de Verlaine que no volveré a recordar
Hay una calle próxima que está vedada a mis pasos,
Hay un espejoque me ha visto por última vez,
Hay una puerta que he cerrado hasta el fin del mundo.
Entre los libros de mi biblioteca (estoy viéndolos)

11

Hay alguno que ya nunca abriré.
Este verno cumpliré cincuenta años;
La muerte nos desgasta incesante.
There is a line of Verlaine I shall not recall again,
There is a nearby street forbidden to my step,
There is a mirror that has seen me for the last time,
There is a door I have shut until the end of the world.
Among the books in my library (I have them before me)
There are some I shall never reopen.
This summer I complete my fiftieth year:
Death constantly diminishes us.

Antología Personal, Límites

He conocido lo que ignoran los griegos: la incertidumbre.
I have known what the Greeks did not know:
uncertainty.

Ficciones, Tlön, Uqbar, Orbis Tertius. La Lotería en
Babilonoa

Morir es una costumbre
Que sabe tener la gente.
Dying is a well-known custom.

Elogio de la Sombra

Para ver una cosa hay que comprenderla. Si viéramos
realmente el universo, tal vez lo comprenderíamos.
One must understand a thing to see it. If we really saw
the world, perhaps we would understand it.

El Libro de Arena

Que el cielo exista, aunque mi lugar sea el infierno.
Let heaven exist, even if my place be hell.
    Ficciones, Tlön, Uqbar, Orbis Tertius. La Biblioteca de Babel

Soy, tácitos amigos, el que sabe
Que no hay otra venganza que el olvido.
I am, my silent friends, the one who knows there is no revenge except forgetfulness.
    Soy

Una de las virtudes por las cuales prefiero las naciones protestantes a las de tradición católica es su cuidado de la ética.
One of the virtues for which I prefer Protestant nations to those of the Catholic tradition is their concern for ethics.
    Elogio de la Sombra, Prólogo

Yo que anhelé ser otro, ser un hombre de sentencias, de libros, de dictámenes, a cielo abierto yaceré entre ciénagas; pero me endiosa el pecho inexplicable un júbilo secreto. Al fin me encuentro con mi destino hispano-americano.
I who longed to be something else, a man of opinions, books, judgment, will lie in the midst of marshes under the open sky. And yet a secret joy inexplicably exalts me. I have met my destiny, my final Latin American destiny.
    Antología personal, Poema conjetural

Luis Buñuel (1900-83)

El discreto encanto de la burguesía.
The discreet charm of the bourgeoisie.
   Title of a film

*La encuentro [la ciencia] analítica, pretenciosa, superficial;
en gran medida porque no tiene en cuenta los sueños, el
azar, la risa, los sentimientos y las paradojas – aquello que
yo más amo.*
I find it [science] analytic, pretentious, superficial;
largely because it does not take into account dreams,
fate, laughter, feelings and paradoxes – those things
which I love most.

Soy ateo gracias a Dios.
I am an atheist, thank God.

*Todo deseo tiene un objeto y éste es siempre oscuro. No hay
deseos inocentes.*
Every desire has an object and it will always be a
shady one. There are no innocent desires.
   Attrib.

Pedro Calderón (1600-81)

*Que hay cosas que no parecen
Tan mal hechas, como dichas.*
There are some things that seem not so ill when done
as when said.
   Los Cabellos de Absalon

*¿Qué es la vida? Una illusion,
Una sombra, una ficción...*

Que toda la vida es sueño,
Y los suoños sueños son.
What is life? An illusion,
A shadow, a fiction...
For the whole of life is a dream,
And dreams themselves are but dreams.

Sabino Fernández Campo, Conde de Latores (b. 1918)
Lo que puedo contar no tiene interés, y lo que tiene interés
no puedo contarlo.
What I can tell is not interesting, and what is
interesting I cannot tell you.

Ramón de Campoamor (1817-1901)
Más sabe el corazón que la cabeza.
More than the head, the heart doth know.
    Los Grandes Problemas

Juan Carlos I (born 1938)
Hablo en español a Dios, en italiano a las mujeres, en
francés a los hombres y en alemán a mi caballo.
I speak in Spanish to God, in Italian to women, in
French to men and in German to my horse.
    Attrib.

Lo mismo podermos ver a gente que viene a ofrecerme la
corona sobre un cojín, que a la Guardia Civil con orden de
arrestarme.
We may see people offering me the crown on a
cushion or else the civil guard coming to arrest me.
    El Rey, Conversaciones con D. Juan Carlos I de España, de
    José Luis de Villalonga

*Mi primo Francisco y yo estamos de acuerdo: los dos
queremos Milán.*
My cousin Francis and I are in perfect accord – he
wants Milan and so do I.
  Attrib. B. Gracián

Fernando Lázaro Carreter (1923-2004)
*Cuántas veces nos hallamos con lectores entusiasmados con
obras que obviamente no dicenlo que ellos creen entender.*
How often we see readers excited by books which
obviously do not say what they seem to find in them.
  ¿Qué es la Literatura?

El mensaje literario remite esencialmente a sí mismo.
The message of literature is essentially about itself.
  Ibid.

Pablo Casals (1876-1973)
*El violoncelo es como una mujer que no solo no envejece
con los años sino que se hace más juvenil, más suave, más
grácil, más ligera.*
A cello is like a woman who does not age with the
years but becomes younger, softer, more graceful,
lighter.

Alejandro Casona (1903-65)
*Las novelas no las han escrito más que los que son
incapaces de vivirlas.*
The only people who write novels are those incapable
of living them.
  Tres Perfectas Casadas

Castellanos (1925-74)
Pues la palabra nos concede
Lo que la dura pocas veces puede.
Gentle words may oft obtain
What the hard ones fail to gain.
   Varones Ilustres de Indias

Castillejo
El que las sabe las tañe.
He who knows the tunes plays them.
   Obras Morales. Discurso de la Vida de Corte

Fidel Castro (born 1926)
La historia me absolverá.
History will absolve me.
   During his trial by the Court of Justice, 1953

No cederemos ni un átomo de nuestro honor.
We shall not yield one atom of our honour.

Toda crítica es oposición, es contrarevolucionaria.
All criticism is opposition, and therefore counter-revolutionary.
   Socialism or death. The New Yorker

Guillén Castro (1569-1631)
Más calla
Quien mas siente.
He says least who feels the most.
   Las Mocedades del Cid

Camilo José Cela (1916-2002)

*Dedico esta edición a mis enemigos, que tanto me han
ayudado en mi carrera.*
I dedicate this edition to my enemies, who have
helped me so much in my career.

Pascual Duarte de Limpio, Prefacio a una Nuevu Edición

El ingenio es un duro enemigo de la literatura.
Cleverness is a powerful enemy of literature.

Memorias, Entendimientos y Voluntades. Voy a la Guerra

*Liberal es aquel que piensa que su país es de todos, incluso
de quienes piensan que es sólo de ellos.*
A liberal is one who thinks his country belongs to
everyone, even to those who think it belongs only to
them.

*Entrevista, Montserrat Roig, Los Hechiceros de la Palabra,
Camilo José Cela, un lobo manso*

Los creyentes no sirven más que para mártires.
Believers are useful only as martyrs.

Memorias, entendimientos y voluntades. Claudio Coellio

*Para el triunfo sobra el talento mientras que para la
felicidad ni basta.*
Talent is more than enough for success, but for
happiness it is not enough.

Diario 16, 14-II-1992

Luis Cernuda (1902-63)
Él conocía que todo estaba muerto en mí, que yo era mi muerto andando entre los muertos.
He recognised that everything in me was dead, that I was dead, walking amongst the dead.

El deseo es una pregunta cuya respuesta nadie sabe.
Desire is a question to which no-one has an answer.
   No Decía Palabras

¿Es toda acción humana, como estimas ahora, fruto de imitación y de inconsciencia?
Is every human action, as you now think, the fruit of imitation and thoughtlessness?
   Como Quien Espera el Alba. La Familia en La Realidad y el Deseo

No sentía mis pies. Quise cogerlos en mi mano, y no hallé mis manos: quise gritar, y no hallé mi voz. La niebla me envolvía.
I couldn't feel my feet. I wanted to take hold of them with my hand, but I couldn't find my hands: I wanted to shout, and I didn't find my voice. Mist enveloped me.
   Los Placeres Prohibidos

Julio Cerón
Cuando murió Franco fue una conmoción; no había costumbre.
When Franco died there was turbulence; we were not used to it.
   'Lo que nos Queda de Franco'
   attrib. by Fernando Jauregui

Miguel de Cervantes (1547-1616)

Acometer molinos de viento.
To tilt against windmills.
  Don Quixote

Bien haya el que inventóel sueño, capa que cubre todos los humanos pensamientos, manjar que quita la hambre, agua que ahuyenta lased, fuego que calienta el frío que templa el ardor, y, finalmente, moneda general con que todas las cosas se compran, balanza y peso que iguala al pastor con el rey y al simple con el discreto.
Blessings on him who invented sleep, the mantle that covers all human thoughts, the food that satisfies hunger, the drink that quenches thirst, the fire that warms cold, the cold that moderates heat, and, lastly, the common currency that buys all things, the balance and weight that equalizes the shepherd and the king, the simpleton and the sage.
  Ibid.

Cada uno es artífice de sa ventura.
Everyone is the author of his own misfortune.
  Ibid.

El Caballero de la Triste Figura.
The Knight of the Doleful Countenance.
  Ibid.

El que lee mucho y anda mucho, va mucho y sabe mucho.
He who reads much and walks much, goes far and knows much.
  Ibid.

El que no sabe gozar de la ventura quando le viene, que no se debe quejar, si se le pasa.
He who cannot enjoy good fortune when it comes has no right to complain if it passes him by.
    Ibid.

En un lugar de la Mancha, de cuyo nombre no quiero accordarme, no há mucho tiempo que vivia un hidalgo de los de lanza en astillero, adarga antigua, rocín flaco, y galgo corredor.
In a village of La Mancha, the name of which I won't try to recall, there lived, not long ago, one of those gentlemen, who usually keep a lance upon a rack, an old shield, a lean horse and a greyhound for coursing.
Ibid., opening lines

Morir cuerdo, y vivir loco.
To die in wisdom having lived in folly.
    Ibid., Don Quixote's epitaph

Muchos van por lana, y vuelven trasquilados.
Many who go for wool come back shorn.
    Ibid.

No eran sino molinos de viento, y no lo podía ignorar sino quien llevase otros tantos en la cabeza.
There were only windmills, and no one could doubt it save a man who carried similar windmills in his head.
    Ibid.

No es la miel para la boca del asno.
Honey is not for the ass's mouth.
    Ibid.

Paciencia y barajar.
Patience and shuffle the cards.
   Ibid.

Para mí sola nació Don Quixote, y yo para él.
For me alone was Don Quixote born, and I for him.

'Pocos,' respondio Don Quixote.
'Few,' replied Don Quixote (when asked if there were no modest poets).
   Don Quixote

Religion es la caballería.
Knight-errantry is religion.
   Ibid.

Y es cosa manifesta
Que no es de estima lo que poco questa.
And there is one thing clear,
Naught we esteem save that which cost us dear.
   Ibid.

Leopoldo Alas Clarín (1852-1901)
Cualquiera sirve para rey; casi nadie para solitario.
Anybody may be fit for kingship: not many can be solitary.
   La Regenta

Mucho más grande que no admirar nada es no despreciar nada.
Far grander than not admiring anything is not to despise anything.
   Ibid.

Sólo la virtud tiene argumentos poderosos contra el pesimismo.
Only virtue has powerful arguments against pessimism.
  La Regenta, I. Cavilaciones

Hernán Cortés (1485-1547)
En circunstancias especiales, el hecho debe ser más rápido que el pensamiento.
In certain circumstances action should be quicker than thought.
  Attrib. J. Marías, España Inteligible

José Donoso Cortés (1809-53)
El hombre, sin saber cómo, se inclina siempre del lado del vencido; el infortunio le parece más bello que la victoria.
Man, without knowing how, is drawn to the vanquished side; misfortune seems to him more beautiful than victory.
  Ensayo sobre el Catolicismo, el Liberalismo y el Socialismo

Lo importante no es escuchar lo que se dice, sino averiguar lo que se piensa.
The important thing is not listening to what is said but discerning what is thought.

Sor Juana Inés de la Cruz (c 1651-95)
Hombres necios que acusáis a la mujer sin razón, sin ver que sois la ocasion de lo mismo que culpáis.
You foolish and unreasoning men who cast all blame on women, not seeing that you yourselves are the cause of these very faults.
  'Sátira Filosófica'

Opinion, ninguna gana; pues la que más se recata, si no os admite, es ingrata, y si os admite, es liviana.

No one can gain your good opinion; for she who modestly withdraws and refuses to admit you is ungrateful, yet if she does admit you, she is too easily won.

    Ibid.

Melchior de Santa Cruz

El vino tiene dos males: si le echais agua, echaislo a perder; si no lo echais, pierde á vos.

Wine has two defects: if you add water, you ruin it; if you do not add water, it ruins you.

    Floresta Española

No todo lo grandee s bueno: más todo lo bueno es grande.

Not everything great is good; but everything good is great.

    Ibid.

Salvador Dalí (1954-89)

Pintar un cuadro es o muy sencillo o imposible.

Painting a picture is either very easy or impossible.

Sólo hay una diferencia entre un loco y yo. Yo no estoy loco.

There is only one difference between a madman and me. I am not mad.

Rubén Darío (1867-1916)

Cristiano y amoroso y caballero,
Parla como un arroyo cristalino.
Así le admiro y quiero.

Christian and lover and gentleman,
He speaks like a silver torrent.
Therefore I admire and cherish him.
  Sonnet to Cervantes

*En la copa de Otoño un vago vino queda en que han de
deshojarse, Primavera, tus rosas.*
In autumn's cup lingers a cloudy wine into which
spring's roses must shed their petals.
  Versos de Otoño

*¡Juventud, divio tesoro, y ate vas para no volver! Cuando
quiero llorar, no lloro, y a veceslloro sin querer.*
Youth, divine treasure, you will not come back again!
When I want to cry I do not cry, and sometimes I cry
pretending not to cry.
  Canción de Otoño en Primavera

*No hay dolor más grande que el dolor de ser vivo,
Ni mayor pesadumbre que la vida consciente.*
There is no greater sorrow than that of being alive; no
greater burden than conscious existence.
  Lo Fatal

Miguel Delibes (born 1920)
*El progreso comporta – inevitablemente, a lo que se ve –
una minimización del hombre.*
Progress involves – inevitably – a minimisation of
man.
  Un mundo que agonize

Porfirio Díaz (1830-1915)
Pobre México, tan lejos de Dios y tan cerca de los Estados Unidos.
Poor Mexico, so far from God and so near to the United States.

Guillermo Díaz-Plaja (1909-84)
La cultura es una forma de la memoria.
Culture is a form of memory.
> *Ensayos sobre Comunicación Cultural, Mensaje Oral y Texto Excrito, I, Oralitura*

Salvador Espriu (1913-85)
Las palabras son horcas donde a trozos cuelgo la razón.
Words are gallows where I hang reason in pieces.
> *Les hores, Perquéun dia torni la canço a Sinera*

José de Espronceda (1808-42)
¡Malditos treinta años!
Funesta edadde amargos desengaños.
Accursed the age of thirty years!
With all our fond illusions dead.
> *El Diablo Mundo*

No se mueren de amor
Las mujeres de hoy en día.
Women nowadays do not die for love.
> *El Estudiante de Salamanca*

Diego de Estella (1524-78)

El que no sabe callar, no sabe conservar amigos.
He who cannot hold his tongue cannot keep his
friends.

   De la Vanidad del Mundo

Diego de Saavedra Fajardo (1584-1648)

*Cuanto son mayores las monarquías, más sujetas están a
la mentira.*
The bigger the monarchy the bigger the lies.

Los príncipes nacieron poderosos pero no enseñados.
Princes were born powerful but not trained.

   Idea de un Príncipe político cristiano

Manuel de Falla (1876-1946)

*¡Cuán preciosa y eficaz es la colaboración involuntaria del
enemigo acérrimo para el triunfo de la idea que combate!*
How valuable, on the other hand, is the unintentional
collaboration of a bitter enemy in the victory of a
struggling idea.

   Escritos sobre Música y Músicos

*Error funesto es decir que hay que comprender la música
para gozar de ella. La música no se hace, ni debe jamás
hacerse para que se comprenda, sino para que se sienta.*
It is a huge mistake to say that one has to understand
music before one can enjoy it. Music is not made, and
should never be made, to be understood but to be
felt.

   Ibid.

*Yo creo que no debemos respetar nunca las ideas contrarias
a las que profesamos. Debemos, si, respetar a las personas
que las sustenten, pero nada más.*

I think we should never respect ideas opposed to our
own. We should, of course, respect the people who
profess them, but nothing more.

*Escritos sobre Música y Músicos, I, Introducción a la
Música Nueva*

León Felipe (1884-1968)
¡Silencio!... ¡Silencio!
Ante la muerte solo vale el silencio.
Silence!... Silence! Before death only silence counts.

¡Oh, este viejo y roto violin!, Ángeles

Felipe II (1527-98)
*Y aun si mi hijo fuera hereje, yo mismo traería la leña para
quemarle.*
If my son was a heretic, I would myself bring the logs
to burn him.

Rafael Sánchez Ferlosio (born 1927)
*Las mismas cosas tienen, en distintos días, distintos modos
de acontecer y lo que ocurrió bajo la lluvia, sólo bajo la
lluvia puede ser contado.*
The same things happen differently on different days,
and what happened in the rain, can be told only in
the rain.

Macedonio Fernández (1874-1952)

El acto sexual es un saludo que cambian dos almas.
The sexual act is a greeting exchanged by two souls.
  Attrib. J.L. Borges y O. Ferrari, Diálogos, 28

Wenceslao Fernández Florez (1885-1964)

El humor es, sencillamente, una posición frente a la vida.
Humour is just an attitude to life.
  Discurso de ingreso en la Real Academia Española

Los niños son mendigos por intuición.
Children are instinctive beggars.
  El Malvado Carabel

Una novela es el escape de una angustia por la válvula de la fantasía.
A novel is the escape of anguish through the valve of fantasy.
  Discurso de Ingreso en la Real Academia Española

General Franco (1892-75)

El abismo y diferencia mayor entre nuestro sistema y el nazi-fascismo es la característica de católico de régimen que hoy preside los destinos de España.
The deep and main difference between our system and Nazi-Fascism is the Catholic characteristic of the regime that today presides over Spain's destiny.
  Discurso al Consejo Nacional del Movimiento

Haga como yo, no se meta en política.
Do the same as me, do not get involved in politics.

Nuestra finalidad al fomentar una insurrección, es la de salvar a la Europa Occidental de la amenaza del comunismo.
Our aim in promoting insurrection is to save Western Europe from the menace of Communism.

Gloria Fuertes (1918-98)
Yo no quería servir a nadie, si acaso a todos.
I did not want to serve anybody, maybe everybody.
  Obras Incompletas, Prólogo

Carmen Martín Gaite (1925-2000)
No valen de nada los criterios cronológicos para evocar el tiempo pasado.
Chronological criteria are worthless in evoking past times
  La Prima Magdalena

Antonio Gala (born 1936)
El amor coge al corazón desprevenido; nunca llega a la hora de la cita.
Love catches the heart unaware; it never arrives at the appointed time.
  El Cementerio de los Pájaros

Todos tenemos un momento de oro en que se nos concede la felicidad. Luego unos se quedan con el momento y otros con el oro.
Everybody has a golden moment where happiness is granted to us. Then some take the moment and others the gold.
  La Vieja Señorita del Paraíso, Primera Parte

Benito Pérez Galdós (1843-1920)

Desde entonces conocí que el heroísmo es casi siempre una forma del pundonor.

Since then I have learnt that heroism is a form of pride.

El hombre de pensamiento descubre la Verdad; pero quien goza de ella y utiliza sus celestiales dones es el hombre de acción.

The man of reflection discovers Truth; but he who enjoys it and makes use of its heavenly gifts is the man of action.

El Amigo Manso

El lector se cansa de reflexiones enojosas sobre lo que a un solo mortal interesa.

The reader grows tired of irritating reflections about what is of interest to just one mortal.

El mar, emblema majestuoso de la vida humana.

The sea, majestic emblem of human life.

El mundo es un valle de lágrimas y mientras más pronto salís de èl major.

The world is but a vale of tears; the sooner we leave it the better.

Miau

Un hombre tonto no es capaz de hacer en ningún momento de su vida los disparates que hacen a veces las naciones, dirigidas por centenares de hombres de talento.

Never in his life could an idiot do such foolish things

31

as are sometimes done by nations governed by
hundreds of talented people.

Enrique Tierno Galván (1918-86)

*La democracia es la transposición de lo cuantitativo: que
quieren los más se convierta en lo major.*
Democracy is the transposition of quantity into
quality: that which the majority want becomes the
best.

*Ser humano exige ver lo perecedero y el mismo
pereciemiento como elementos de nuestra propia condición.*
Being human requires us to see what is perishable and
the perishing itself as elements of our own condition.

Angel Ganivet (1865-98)

*El sentido común es una constitución que rige con más
eficacia que todas las demás constituciones.*
Common sense is a constitution which rules more
efficiently than any other.
　　Los Trabajos de Pío Cid

*Para destruir las malas prácticas, la ley es mucho menos
útil que los esfuerzos individuales.*
For getting rid of bad behaviour the law is much less
useful than the effort of individuals.
　　Idearium Español

Luis de Góngora (1561-1627)

A batallas de amor campo de pluma.
For the battle of love, a field of feathers.

Los siglos que ensus hojas cuenta el roble,
Arbol los cuenta sordo, tronco jugo.
Quien mas ve, quien mas oye, menos dura.
The years of which the oak leaves chatter,
The trunk and sap do darkly tell;
They who see and hear most freely,
Do on earth most briefly dwell.

   Sonetos Vario

Más largo
Que una noche de diciembre
Para un hombre mal casado.
Longer than a winter's night for a man who is
unhappily married.

   Romances Burlescos

Adolfo Suárez González (born 1932)

Hay que hacer políticamente normal lo que al nivel de la
calle es normal.
What is normal in the street must be made politically
normal.

   Discurso en las Cortes defendiendo la Ley para la Reforma
   política

Mi punto fuerte es, creo yo, ser un hombre normal.
Completamente normal. No hay sitio para los genios en
nuestra actual situación.
My strongest point, I believe, is being a normal man.
Completely normal. There is no room for geniuses in
our present situation.

   Declaraciones al Süddeutsche Zeitung, 1V-1977

*Yo no quiero que el sistema democrático de convivencia sea,
una vez más, un paréntesis en la historia de España.*
I do not want the democratic system to be once again
a parenthesis in the history of Spain.

Intervención en TVE anunciando su dimisión

Felipe González (born 1942)

*Soy reacio a escribir mis memorias, pues uno queda bien a
costa de los demás.*
I am reluctant to write my memoirs because one
always gets credit at the expense of others.

Cambio 16, 4 marzo 1996

Francisco de Goya (1746-1828)

El sueño de la razón produce monstrous.
The sleep of reason produces monsters.

Title of a series of etchings

Baltasar Gracián (1601-58)

*A los veinte años reina la voluntad, a los treinta el ingenio,
a los cuarenta el juicio.*
At twenty the will is in command, at thirty the
intellect, and at forty the judgement.

Oráculo Manual y Arte de Prudencia

*A los veinte años sera pavón, a los treinta león, a los
cuarenta camello, a los cincuenta serpiente, a los sesenta
perro, a los setenta mona, y a los ochenta nada.*
At twenty a man will be a peacock, at thirty a lion, at
forty a camel, at fifty a serpent, at sixty a dog, at
seventy a monkey, and at eighty nothing at all.

Oráculo Manual y Arte de Prudencia

Cánsase la fortuna de llevar a uno a cuestas tan a larga.
Fortune soon tires of carrying us too long on her
shoulders.
  Ibid.

Es la cortesía la principal parte de la cultura.
Politeness is the chief ingredient of culture.
  Ibid.

No hace el numen el que lo dora, sino el que lo adora.
Divinity is created not by adorning, but by adoring, it.
  Ibid.

Juan Gris (1887-1927)
*Cuando empecé, el cubismo era un análisis de la pintura
que era como la descripción de los fenómenos físicos a la
Física.*
When I started, cubism was an analysis of the
painting, like the scientific description of physical
phenomena.
  Attrib. D. Khanweiler, Juan Gris

Alfonso Guerra (born 1940)
*Nunca un triunfo ha sido tan amargo ni una derrota tan
dulce.*
Never has a victory been so bitter nor a defeat sweeter.
  *El País, 5 de marzo 1996, after the defeat of the socialist
  government in the 1996 elections*

Che Guevara (1928-67)

En este tipo de historia es difícil encontrar el primero de los actos.

In this kind of story it is very difficult to find the first act.

> *'El año que Estuvimos en Ninguna Parte'*
> attrib. by Paco Ignacio

Jorge Guillén (1893-1984)

Soy, mas, estoy. Respiro. Lo profundo es el aire. La realidad me inventa, soy su leyenda. ¡Salve!

I exist, more than that, I'm alive. I'm breathing. Deep is the air. Reality invents me, I am its legend. Hail!

> *Cántico. Más Allá*

Fernando de Herrera (1534-97)

L'arena se tornó sangriento lago,
La llanura con muertos, aspereza;
Cayó en unos vigor, cayó denuado,
Más en otros desmayo y torpe miedo.

The battlefield became a bloody lake, the plain harsh with corpses; there fell the brave and the bold, there too the cowardly and the frightened.

> *Canción por la Pérdida del Rei Don Sebastián*

Dolores Ibarruri (1895-1989)

Es mejor ser la viuda de un héroe que la mujer de un cobarde.

It is better to be a hero's widow than a coward's wife.

Es preferible morir de pie que vivir de rodillas.

It is better to die on your feet than to live on your knees.

> *Discurso, Paris*

¡No pasaran!
They shall not pass!
Nationalist troops subsequently chanted *'¡Hemos pasado!'*, 'We passed'.

Fraga Iribarne (born 1922)

Habéis contraido una gravísima responsabilidad legalizando el Partido Comunista: la historia os pedirá cuentas.
You have assumed a huge responsibility in legalising the Communist Party; history will ask you to justify it.
   Attrib. L. Calvo Sotelo, Memoria Viva de la Transición

La victoria en la guerra sólo se consigue cuando se hace ganar también a los vencidos.
Victory in war can be achieved only when one allows the vanquished to win as well.

Isabel II (1830-1904)

El día que yo me vaya me llevo la llave de la despensa.
The day I leave I will take with me the key to the pantry.

St John of the Cross (1542-91)

Vuélvete, paloma,
Que el ciervo vulnerado
Por el otero asoma,
Al aire de tu vuelo, y fresco toma.
Turn back, my dove, that the wounded deer may reappear on the hillside and, in the breeze of your wings, find new solace.
   Canciones Entre el Alma y el Esposo

Alvaro de Laiglesia (1830-1909)

En Oriente la mujer no suele ver al hombre antes de casarse. En Occidente, después.

In the Orient the woman does not see the man before marriage. In the West, after it.

La modestia es la virtud de los que no tienen otra.

Modesty is the virtue of those who have no other.

Fernández de León

No hay mal que no se oyga bien,
Ni bien que no se oyga mal.

There is no evil of which good is not heard, no good of which some do not think ill.

   Venire el Amor al Mundo

Fray Luis de León (1527-91)

Y mientras miserablemente se están los otros abrasando en sed insaciable del no durable mando, tendido yo a la sombra esté cantando.

And while others are miserably parched with an unquenchable thirst for power which does not last, let me sing this song in the shade.

   Vida Retirada

Federico García Lorca (1898-1936)

A las cincode la tarde.
Eran las cinco en punto de la tarde.
Un niño trajo la blanca sàbana
a las cinco de la tarde.

At five in the afternoon. It was exactly five in the

afternoon. A boy brought the white sheet at five in the
afternoon.

   Lianto por Ignacio Sànchez Mejías

Con el alma de charol vienen por la carrera.
With their patent-leather souls, they [the Civil Guards]
come along the road.

   Romance de la Guardia Civil Española

*El jinete se acercaba tocando el tambor del llano. Dentro de
la fragua el niño tiene los ojos cerrados.*
Drumming the plain, the horseman is coming. Inside
the smithy the child has closed his eyes.

   Romance de la Luna, Luna

*Ni un solo momento, viejo hermoso Walt Whitman, he
dejado de ver tu barba llena de mariposas.*
Not for a moment, beautiful aged Walt Whitman, have
I failed to see your beard full of butterflies.

   Oda a Walt Whitman

Verde que te quiero verde.
Verde viento. Verde ramas.
El barco sobre el mar
y el caballo en la montaña.
Green how I love you green.
Green wind. Green boughs.
The ship on the sea
And the horse on the mountain.

   Romance Sonámbulo

Ramón Lull (1232-1315)

El vino conforta el corazon con el calor, y destruye el cerebro con la sequedad.

Wine comforts the heart with warmth, and destroys the brain by drying it.

Árbol de los Ejemplos de la Ciencia (Proverbios)

La justicia de rey es la paz de su pueblo.

The justice of the king is the peace of his people.

Ibid.

La rosa sería soberbia sino hubiese nacido entre espinas.

The rose would have been proud if it had not been born amongst thorns.

Ibid.

Antonio Machado (1875-1939)

Yo vivo en paz con los hombres y en guerra con mis entrañas.

I live in peace with men and at war with my innards.

Salvador de Madariaga (1886-1978)

En política, como en gramática hay que distinguir los sustantivos de los adjetivos. Hitler era un sustantivo. Mussolini sólo era un adjetivo. Hitler era una amenaza. Mussolini era sangriento. Juntos eran una amenaza sangrienta.

In politics as in grammar, one should be able to tell the substantives from the adjectives. Hitler was a substantive; Mussolini only an adjective. Hitler was menacing. Mussolini was bloody. Together a bloody menace.

*Las mujeres gobiernan América porque América es una
tierra enque los jóvenes no quieren crecer.*
Women govern America because America is a land of
boys who refuse to grow up.
   The Perpetual Pessimist

Los errores tienen numerosas vidas.
Mistakes have numerous lives.
   Ingleses, Franceses, Españoles

Ramiro de Maeztu (1875-1936)
*Me interesan las cosas ajenas, porque las mías no tienen
remedio.*
I am interested in other peoples' affairs because mine
have no solution.
   Autobiography

*Si queréis entablar verdadera un inglés, no le habléis
nunca; !sobre todo! no le dejéis jamás que os cuente sus
intimidades, porque nunca habrá de perdonárselo.*
If you want to have a real friendship with an
Englishman, never talk; especially never let him tell
you his intimate thoughts because he will never
forgive himself.
   Ibid.

Gregorio Marañón (1887-1960)
*Nada da idea de la vejez prematurade un hombre hecho y
derecho como su sumisión incondicional a la juventud de
los otros.*
Nothing indicates the premature old age of an
honest and true man more than his unconditional

submission to others' youth.

Ensayos liberals

Ser liberal es, precisamente, estas dos cosas: primero, estar dispuesto a enterderse con el que piensa de otro modo, y segundo, no admitir jamás que el fin justifica los medios, sino que, por el contrario, son los medios los que justifican el fin. El liberalismo es, pues, una conducta y, por lo tanto, es mucho más que una política.

Being a liberal means two things; firstly, being ready to talk to people with different ideas, and, secondly, never to admit that the end justifies the means, but, on the contrary, that the means are what justify the end.

Liberalism is a mode of behaviour and, therefore, much more than politics.

Ibid.

Francesc Pi i Margall (1824-1901)
Las convicciones políticas son como la virginidad: una vez perdidas no vuelven a recobrarse.

Political convictions are like virginity: once lost they cannot be recovered.

Javier Marías (born 1951)
A veces el saber verdadero resulta indiferente, y entonces puede inventarse.

When knowledge of the truth proves irrelevant, one is free to invent.

Todas las Almas

El adulterio lleva mucho trabajo.
Adultery is hard work.
  Ibid.

El que aquí cuenta lo que que vio y le ocurrió, ni tampoco es su prolongación, ni su sombra, ni su heredero, ni su usurpador.
The person recounting here and now what he saw and what happened to him then is not the same person who saw those things and to whom those things happened; neither is he an extension of that person, his shadow, his heir or his usurper.
  Ibid.

Lo grave de que la muerte se acerque no es la propia muerte con lo que traiga o no traiga, sino que ya no se podrá fantasear con lo que ha de venir.
The worst thing about the approach of death isn't death itself and what it may or may not bring, it's the fact that one can no longer fantasise about the future.
  Ibid.

No son muchos los hombres que tienen una idea medianamente adecuada de lo que es la mujer. Para ello hace falta un interés complejo y casi todos los intereses que los hombres experimentan por las mujeres sondemasiado simples.
Not many men have even a moderately right idea of what a woman is. It requires a complicated degree of interest, and almost all the interest which men have in women is too basic.
  Antropología Filosófica

Gabriel García Márquez (born 1927)

*Dueña por primera vez de su destino, Angela Vicario
descubrió entonces que el odio y el amor son pasiones
recíprocas.*

Mistress of her fate for the first time, Angela Vicario
then discovered that hate and love are reciprocal
passions.

Crónica de una Muerte Anunciada

*El periodismo es un género literario muy parecido a la
novela, y tiene la gran ventaja de que el reportero puede
inventar cosas. Y eso el novelista lo tiene totalmente
prohibido.*

Journalism is a literary genre very similar to that of the
novel, but has the great advantage that the reporter
can invent things, which is completely forbidden to
the novelist.

Speech April 1994. El País International

El que espera lo mucho espera lo poco.

He who awaits much can expect little.

El Coronel no Tiene quien le Escriba

*En el folio 416, de su puño y letra y con la tintaroja de
boticario, escribió una nota marginal: Dame un prejuicio y
moveré el mundo.*

On folio 416, in his own handwriting and with the
druggist's red ink, he wrote a marginal note: Give me
a prejudice and I will move the world.

Crónica de una Muerte Anunciada

En el folio 382 del sumario escribió otra sentencia marginal
con tinta roja. La fatalidad nos hace invisibles.
On folio 382, of the brief, he wrote another marginal
pronouncement in red ink: Fate makes us invisible.
  Ibid.

La ingratitud humana no tiene límites
There are no limits to human ingratitude.
  El Coronel no Tiene Quien le Escriba

Me desconcierta tanto pensar que Dios existe, como pensar
que no existe. Entonces prefiero no pensar en eso.
I get just as upset thinking that God exists as thinking
that he doesn't. That's why I'd rather not think about it.
  La hojarasca

Un sólo minuto de reconciliación tiene más mérito que toda
una vida de amistad.
A single minute of reconciliation is worth more than a
lifetime of friendship.
  Cien Años de Soledad

José Martí (1853-95)
La poesía tiene su honradez y yo he querido siempre ser
honrado.
Poetry has its own honesty and I have always wanted
to be honest.
  Versos libres, Mis versos

Yo soy un hombre sincero
De donde crece la palma,
Y antes de morirme quiero
Echar mis versos del alma.

I am a sincere man from the land of the palm tree, and before dying I want to share these poems from my soul.

Versos Sencillos

Antonio Maura (1853-1925)

Una cosa es estar en el Gobierno y otra es gobernar.

To be in the Government is one thing, to govern is another.

Eduardo Mendoza (born 1943)

No hay Occidente pueblo más gregario que el catalán a la hora de elegir su residencia: a donde va uno a vivir, allí quieren ir los demás. Donde sea, era el lema, pero todos juntos.

There is no people in the Western world more gregarious than the Catalans: where one Catalan goes to live, the others want to go too. 'Anywhere at all', was the motto, 'but all together'.

La Ciudad de los Prodigios

Un problema deja de serlo si no tiene solución.

A problem ceases to be a problem if it has no solution.

La Verdad sobre el Caso Savolta

Antonio Hurtado de Mendoza (1586-1644)

Es propio de la lisonja
Olvidar al que está lejos.

It is the nature of flattery to forget the absent.

El Marido Hace Mujer

Gabriel Miró (1879-1930)

Mi concepto de la novela: decir las cosas por insinuación.
My concept of the novel: to say thing by insinuation.

Nota autobiográfica

Joan Miró (1893-1983)

Yo pinto como si fuera andando por la calle. Recojo una perla o un mendrugo de pan; es eso lo que doy, lo que recojo; cuando me coloco delante de un lienzo, no sé nunca lo que voy a hacer; y yo soy el primer sorprendido de lo que sale.

I paint as if I was walking in the street. I pick up a pearl or a crust of bread; what I pick up, I give; I never know what I am going to do when I place myself in front of a canvas; and I am the first one shocked by what comes out.

Federico Delclaux, El Silencio Creador, Sencillez

Manuel Vázquez Montalbán (1939-2003)

Hasta los bodegones tienen ideología.
Even still life paintings have an ideology.

Cambio 16, 26 febrero 1996

General Emilio Mola (1887-1937)

La quinta columna.
The fifth column.

The Nationalist General Mola said that he had four columns ready to attack Madrid, and a fifth column of sympathisers waiting for him inside the city.

Tirso de Molina (1579-1648)
Y una constate mujer
Que es el mayor imposible.
A constant woman – the greatest impossibility!
   El Amor y el Amistad

Gonzalo Fernández de la Mora (1924-2002)
El igualitarismo ni siquiera es una utopía soñada; es una
pesadilla imposible.
Equality is not a Utopian dream; it is an impossible
nightmare.
   La Envidia Igualitaria

Ramón María Narváez (1800-68)
Gobiernar es resistir.
To govern is to resist.

No puedo perdonar a mis enemigos, porque los he matado
a todos.
I cannot forgive my enemies because I have killed
them all.

Pablo Neruda (1904-73)
Porque en noches como ésta la tuve entre mis brazos,
mi alma no se contenta con haberla perdido.
Aunque ésta sea el último dolor que ella me causa,
y estos sean los últimos versos que yo le escribo.
Because through nights like this I held her in my
arms, my soul is not content to have lost her,
though this be the last pain that she causes me and
these are the last verses that I write her.

Puedo escribir los versos más tristes esta noche.
Escribir, por ejemplo: 'La noche está estrellada,
Y tiritan, azules, los astors, a lo lejos'.
El viento de la noche gira en el cielo y canta.
Puedo escribir los versos más tristes esta noche.
Yo la quise, y a veces ella también me quiso.
Tonight I can write the saddest lines. Write, for
example, 'The night is starry and the stars are blue
and shiver in the distance'. The night wind revolves in
the sky and sings. Tonight I can write the saddest
lines. I loved her, and sometimes she loved me too.

Viente Poemasda Amor y una Canción Desesperada

Soy el desperado, la palabra sin ecos, el que lo perdió todo,
y el que todo lo tuvo.
I am the one without hope, the word without echoes,
he who lost everything and he who had everything

Todo te lo tragaste, como la lejanía
Como el mar, como el tiempo.
¡Todo en ti fue naufragio!
You swallowed everything, like distance, like the sea,
like time. In you everything sank!

Yo no la quiero, es cierto, pero cuánto la quise.
Mi voz buscaba el viento para tocar su oído.
De otro. Sera de otro. Como antes de mis besos.
Su voz, su cuerpo claro. Sus ojos infinitos.
Ya no la quiero, es cierto, pero tal vez la quiero.
Es tan corto el amor, y es tan largo el olvido.
I no longer love her, that's certain, but how I loved
her. My voice tried to find the wind to touch her

hearing. Another's. She will be another's. As she was before my kisses. Her voice, her bright body. Her infinite eyes. I no longer love her, that's certain, but maybe I love her. Love is so short, forgetting is so long.

Eugenio D'Ors (1881-1954)
Cualquier guerra entre europeos es una guerra civil.
Any war between Europeans is a civil war.

El arte contemporáneo es, o un aprendizaje, o una farsa.
Contemporary art is either a learning process or a farce.
> *Cézanne*

Elocuencia es la previa seguridad de ser escuchado.
Eloquence is a guaranteee of being listened to.

França és una grácia; Anglaterra és una forca; Alemanya és una técnica.
France is grace; England is force; Germany is method.
> *Glossari, VII-1914*

José Ortega y Gasset (1883-1955)
A su tiempo nacerá un Newton del placer y un Kant de las ambiciones.
In due time pleasure will find its Newton and ambition its Kant.

Amar una cosa es estar empeñado en que exista; no admitir, en lo que depende de uno, la posibilidad de un universo donde aquel objeto esté ausente.

Falling in love even once is an insistence that the beloved exists; a refusal to accept the possibility of a universe without the beloved object.

Considero que es la filosofía la ciencia general del amor.
I consider philosophy to be the general science of love.

El egoísmo es laberíntico.
Selfishness is labyrinthine.

El placer sexual parece consistir en una súbita descarga de energía nerviosa. La fruición estética es una súbita descarga de emociones alusivas. Análogamente es la filosofía como una súbita descarga de intelección.
Sexual pleasure seems to consist in a sudden discharge of nervous energy. Aesthetic enjoyment is a sudden discharge of allusive emotions. Similarly, philosophy is like a sudden discharge of intellectual activity.
   Meditaciones del Quixote

Esta lucha con un enemigo a quiense comprende es la verdadera tolerancia, la actitud propia de toda alma robusta.
This struggle with an enemy who is understood is true tolerance, the proper attitude of every robust soul.
   Ibid., Lector

Estos años asistimos al gigantesco espectáculo de innumerables vidas humanas que marchan perdidas en el laberinto de sí mismas por no tener a qué entregarse.
These days we are witnessing the vast spectacle of

innumerable human lives wandering lost in the
labyrinth of their own being because they have
nothing to which they can devote themselves.

   La Rebelión de las Masas

*La ciencia, el arte, la justicia, la cortesía,
la religion son órbitas de la realidad que no invaden
bárbaramente nuestra persona como hace el hambre o el
frío; sólo existen para quien tiene voluntad de elles.*
Science, art, justice, manners, religion are orbits of
reality which do not overwhelm our persons in a
brutal way as hunger or cold does; they exist only for
him who wishes them to exist.

*La filosofía es idealmente lo contrario de la noticia, de la
erudición.*
Ideally, philosophy is the opposite of information or
erudition.

*La vida es siempre personal, circunstancial, intransferible y
responsable.*
Life is always personal, circumstantial, untransferable
and responsible.

   Estructura de 'Nuestro' Mundo

*Necesitamosde la historia íntegra para ver si logramos
escapar de ella, no recaer en ella.*
We need the whole of history in order to see if we can
escape from it and not fall back into it.

   La Rebelión de las Masas

52

Odiar a alguien es sentir irritación por su simple existencia.
To hate someone is to feel irritated by his mere
existence.

Estudios sobre el Amor

Pensar es el afán de captar mediante ideas la realidad.
Thinking is the urge to achieve reality through ideas.
La Deshumanización del Arte, 1925

*Poca cosa es la vida si no piafa en ella un afán formidable
de ampliar sus fronteras. Se vive en la proporción en que se
ansía vivir más.*
Life is a petty thing unless there pounds within it an
enormous desire to extend its boundaries. We live to
the extent that we yearn to live more.

Ibid.

*Yo soy yo y mi circunstancia, y si no la salvo a ella no me
salvo yo.*
I am myself plus my situation; if I do not save it, I
cannot save myself.

Blas de Otero (1916-79)
*Luchando, cuerpo a cuerpo, con la muerte, al borde
delabismo estoy clamando a Dios. Y su silencio,
retumbando, ahoga mi voz en el vacío inerte.*
Fighting hand-to-hand with death, at the edge of the
abyss I am crying out to God. And his silence,
booming, drowns my voice in the lifeless vacuum.

Ángel Fieramente Humano, Hombre

Octavio Paz (1914-98)

Confieso que, a medida que pasan los años, veo con más simpatía a la revuelta que a la revolución.
I confess that, as time goes by, I view revolt with more sympathy than revolution.

El pasado de Rusia está vivo y regresa.
Russia's past is alive and coming back.

La mucha luz es como la mucha sombra: no deja ver.
Too much light is like too much darkness: you cannot see.
  'La Mirada anterior', Prólogo a C. Castaneda, *Las enseñanzas de Don Juan*

La poesía es el punto de intersección entre el poder divino y la voluntad humana.
Poetry is the intersection between divine power and human will.

La poesía no es nada sino tiempo, ritmo perpetuamente creador.
Poetry is nothing but time, perpetually creative rhythm.
  El Arco y la Lira

Las diferencias entre el idioma hablado o escrito y los otros – plásticos o musicales – son muy profundas, pero no tanto que nos hagan olvidar que todos son, esencialmente, lenguaje: sistemas expresivos dotados de poder significativo.
The differences between spoken or written language and the other kinds – plastic or musical – are very

profound, but not enough to make us forget that
essentially they are all languages: systems of expression
which possess a significant power.

Ibid.

*Quien quiera enseñarnos una verdad que no nos la diga:
simplemente que aluda a ella con un leve gesto, gesto que
inicie en el aire una ideal trayectoria, deslizándonos por la
cual lleguemos nosotros mismos a los pies de la nueva
verdad.*
He who wishes to teach us a truth should not tell it to
us, but simply suggest it with a brief gesture which
starts trajectory of ideas in the air, along which we
glide until we find ourselves at the feet of the new
truth.

Meditación preliminar, 4, Trasmundos

*Quiso cantar, cantar para olvidar su vida verdadera de
mentiras y recordar su mentirosa vida de verdades.*
He tried to sing, singing so as to forget his true life of
lies and to remember his lying life of truths.

Condición de Nube, Epitafio para un Poeta

¡Santificadas sean las cosas! ¡Amadlas, amadlas!
Blessed be things! Love them, love them!

Meditaciones del Quixote

Marcelino Menéndez Pelayo (1856-1912)
España es una nación de teólogos armadas.
Spain is a nation of armed theologians.

Imaginarios, 2, I. El Cardenal Cisneros

José María Pemán (1897-1981)
Un hijo es una pregunta que le hacemos al destino.
One's child is a question that we ask of destiny.

José María de Perada
La experiencia no consiste en lo que se ha vivido, sino en lo que se ha reflexionado.
Experience is not what you have lived but what you have reflected on.

Antonio Pérez (1539-1611)
La pluma corta más que espadas enfiladas.
The pen cuts deeper than a sharpened sword.
    Aforismos

Las palabras, vestido de los conceptos.
Words, the raiment of thought.
    Ibid.

Pablo Picasso (1881-1973)
Cuando llegue la inspiración, que me encuentre trabajando.
When inspiration arrives I want it to find me working.

El arte es una mentira que nos permite decir la verdad.
Art is a lie which allows us to tell the truth.

Pinto las cosas como las pienso, no como las veo.
I paint not what I see but what I feel.

Un pintor es un hombre que pinta lo que vende. Un artista, en cambio, es un hombre que vende lo que pinta.

A painter is a man who paints what he sells. An artist, on the contrary, is a man who sells what he paints.

Yo no busco, encuentro.
I do not search, I find.

Josep Pla (1897-1981)
Contra la moda toda lucha es inútil.
Fighting against fashion is always in vain.

El feminismo, es como tener un enemigo en casa.
Feminism is like having an enemy in one's home.
   Antifeminismo

Viajar produce el mismo efecto que a un enfermo cambiar de posición.
Travel produces the same effect as changing the posture of a sick person.
   La Bicicleta

Enrique Jardiel Poncela (1901-52)
La casualidad es la decima musa.
Chance is the tenth muse.
   Máximas Mínimas

La dictadura es el sistema de gobierno en lo que no está prohibido es obligatorio.
Dictatorship is the system of government in which what is not forbidden is compulsory.

Todos los hombres que no tienen nada que decir hablan a gritos.
Every man who has nothing to say shouts.

   Máximas Minimas

Proverbs
Casa con dos puertas mala es de guardar.
A house with two doors is difficult to guard.

En la boca del discreto lo público es secreto.
In the mouth of a discreet person even that which is
notorious remains a secret.

Más vale que digan aquí huyó, que aquí murió.
It is better they should say 'Here he ran away' than
'Here he died'.

Quien teme la muerte no goza la vida.
He who fears death cannot enjoy life.

Francisco Gómez de Quevedo y Villegas (1580-1645)
*Tan ciego estoy a mi mortal enredo que no te oso llamer,
Señor, de miedo de que querrás sacarme de pecado.*
So blind am I to my mortal entanglement that I dare
not call upon thee, Lord, for fear that thou wouldst
take me away from my sin.

   Heráclito Cristiano

Luis Racionero
*Materializar en la realidad una metáfora es lograr el
poema perfecto.*
To materialise a metaphor is to achieve a perfect poem.

   Raimon, la Alquimia de la Locura

Si uno es Che Guevara, actúa sobre el poder; si es Einstein, sobre la tecnología; si es Jesucristo, sobre los valores. En el primer caso se suele acabar fusilado, en elsegundo Premio Nobel, en el tercero crucificado.

If one is Che Guevara, one will work on power; if Einstein, on technology, if Jesus on values. In the first case, one usually gets shot, in the second a Nobel prize, in the third crucified.

Santiago Ramón y Cajal (1852-1934)

De todas las reacciones posibles ante la injuria, la más hábil y económica es el silencio.

Of all the possible reactions to an injury, the cleverest and most economical is silence.

Diríase que ciertos espíritus propensos al misticismo, son molestados por las verdades sencillas y patentes.

It could be said that certain spirits with a tendency to mysticism are disturbed by simple and evident truth.

Recuerdos de mi Vida

Hay tres clases de ingratos: los que callan el favor, los que lo cobran y los que lo vengan.

There are three types of ungrateful people: those who hide a favour, those who charge for it and those who take revenge for it.

Alfonso Reyes (1889-1959)

Publicamos para no pasarnos la vida corrigiendo los borradores.

We publish so we do not have to spend our lives correcting the drafts.

José Enrique Rodó (1872-1917)

Lo bello nace de la muerte de lo útil: lo útil se convierte en bello cuando ha caducado su utilidad.

What is beautiful has its origin in the death of what is useful; what is useful becomes beautiful when it has outlived its usefulness.

Letter to Miguel de Unamuno, 1903

Fernando de Rojas (c 1465-1541)

Dulce nombre te dieron; amargos hechos haces.

Sweet name you were given; bitter actions you commit.

About love

En una hora no se ganó Zamora.

Zamora was not taken in an hour.

La Celestina

La necesidad desecha la tardanza.

Necessity rejects delay.

Ibid.

Luis Rosales (1910-92)

Cuando un país decide suicidarse a quien no está conforme lo suicidan.

When a country decides to commit suicide those who do not agree have suicide imposed upon them.

La patria nos bendice y el patriotismo nos condena.

The fatherland blesses us and patriotism condemns us.

Una sola palabra puede bastar para enterrar a un hombre.
A single word can be enough to bury a man.
  El Mundo Sideral es la Esperanza

Ernesto Sábato (born 1911)
El imperativo de no torturar debe ser categórico, no hipotético.
The imperative 'no torture' must be categorical, not
hypothetical.

*El único regimen compatible con la dignidad del hombre es
la democracia.*
The only regime compatible with human dignity is
democracy.
  *Félix Grande, Elogio de la Libertad, Telegrama Español,
  Lema*

*Le expliqué que el mundo es una sinfonía, pero que Dios
toca de oído.*
I explained that the world is a symphony, but God
plays by ear.
  Quique Estaba Sombrío

*Lo esencial en la obra de un creador sale de alguna
obsesión de su infancia.*
What is essential in the work of an artist comes from
his childhood obsessions.
  Abaddón el exterminador, Cavilaciones, un diálogo

Nunca más.
Never again.
  *Title of the report about the Desaparecidos (missing people)
  in Argentina*

Alfonso el Sabio (1221-84)
La caça es arte e sabiduria de guerrear e de vencer.
Hunting is the art and science of warfare and of conquest.
Las Siete Partidas

Los que amigos se fazen, ante que bien se conozcan, ligeramente guardan despues la amistad de entrellos.
Those who make friends before they know each other well afterwards hold their friendship lightly.
Ibid.

Si Dios me hubiese consultado sobre el sistema del universo, le habría dado unas cuantas ideas.
If God had consulted me about the creation of the universe, I could have provided some useful ideas.

Javier Sádaba (born 1940)
La verdad, si no es entera, se convierte en aliada de lo falso.
Truth, if not complete, becomes the friend of falisity.

Los intelectuales siempre están donde hay un canapé.
You can always find intellectuals wherever there are canapés.

Pedro Salinas (1891-1951)
Desboques del nacionalismo, estupendo sembrador de estragos.
Nationalism run amok, splendid sower of destruction.
La Responsabilidad del Escritor, Reflexiones sobre la Cultura

José Luis Sampedro (born 1917)
La fórmula de la vejez digna es la soledad sin resquemor.
Solitude without resentment is the formula for a
dignified old age.
   El País, 5 febrero 1996

Fernando Savater (born 1947)
*Buscar ante todo la unanimidad me parece tan lóbrego
como desear que siempre sea trece y martes.*
To seek unanimity above all seems as gloomy as to
wish that every day should be Friday the thirteenth.

*La política no es más que el conjunto de las razones para
obedecer y de las razones para sublevarse.*
Politics are nothing more than a group of reasons to
obey and of reasons to rebel.
   Política para Amador

Lo que poseemos nos posee.
What we own owns us.

Ramón J Sender (born 1902)
*Lope de Aguirre: No olviden mis hijos que la conciencia del
peligro es ya la mitad de la seguridad y de la salvación.*
Lope de Aguirre: My children, you must not forget
that being aware of danger is halfway towards security
and salvation.

Ramón Gómez de la Serna (1888-1963)
*El capitalista es un señor que al hablar con vosotros se
queda con vuestras cerillas.*

A capitalist is a man who while talking to you takes your matches.

Greguerías

El contable es un señor con el que no se cuenta casi nunca.
The accountant is a person you can seldom count on.

Ibid.

Hay días tan húmedos que los tenedores padecen el reumatismo.
There are days so damp that even forks suffer from rheumatism.

Ibid.

La gasolina es el incienso de la civilización.
Petrol is the incense of civilisation.

Ibid.

Un riguroso pedagogo es algo más terrible que un terrible demagogo.
A strict pedagogue is more terrible than a terrible demagogue.

Gollerías, Un Legoz Pedagogo

Marqués de Tamarón (born 1941)

Comenzaba a sospechar que el pesimismo era el precio inevitable que se paga por la lucidez.
I was beginning to suspect that pessimism is the inevitable price of lucidity.

Pólvora con Aguardiente, Sophie o las Complicaciones de la Guerra

*Hoy en día los ejércitos se toman muy en serio eso de que el
primer deber de un militar no es morir por su patria sino
procurar que el enemigo muera por la suya.*
Nowadays armies take very seriously the proposition
that a soldier's first duty is not todie for his country
but to ensure that the enemy dies for his.

Fernando Alvarez de Toledo (1507-82)
*El objetivo de un buen general no es la lucha, sino la
victoria. Ha luchado lo suficiente si alcanza la victoria.*
A good general's objective is not the fight, but victory.
He has fought enough if he achieves victory.
  Duque de Alba

Lo propio pierde quien lo ajeno busca.
His own he loses who the wealth of others seeks.
  La Burromaquia. Rebuzno Primero

Lazarillo de Tormes (published anonymously in 1554)
*¡Cuántos debe de haber en el mundo que huyen de otros
porque no se ven a sí mismos!*
How many there are in the world who run from others
because they do not see themselves there.

Ramón Pi Torrente
*El Estado es necesario. Debe mantenerse. Pero debe
mantenerse a raya.*
The state is necessary. It must be kept. But it must be
kept at bay.

Maruja Torres (born 1943)

La vida es como el café o las castañas en otoño. Siempre huele major de lo que sabe.

Life is like coffee or chestnuts in autumn. The smell is better than the taste.

Fernando Trueba (born 1955)

La vida es una película mal montada.

Life is a badly edited film.

Diario 16, 27-XI-92

Francisco Umbral (1935-2007)

La moral, por muy concienzuda que sea, rara vez supera sus propios términos municipales. No hay una moral universal. Sólo hay morales municipals.

Morality, no matter how thorough it might be, rarely reaches beyond its own municipal limits. There is no universal morality, only a municipal one.

Memorias de un Niño de Derechas

Prefiero el profesional, aunque sea mediocre, a un aficionado brillante.

I prefer a mediocre professional to a brilliant amateur.

Entrevista, Montserrat Roig, Los Hechiceros de la Palabra, Paco Umbral y su sombra

Tengo memoria, que es el talento de los tontos.

I have memory, which is the idiots' talent.

Miguel de Unamuno (1864-1936)

Creer en Dios es anhelar que lo haya y es además conducirse como si lo hubiera.

To believe in God is to yearn for his existence and, to behave, moreover, as if he did exist.

Del Sentimiento Trágico de la Vida, 1913

Cúrate de la afección de preocuparte cómo aparezcas a los demás. Cuídate sólo de cómo aparezcas ante Dios, cuídate de la idea que de ti Dios tenga.
Cure yourself of the disease of worrying about how you appear to others. Concern yourself only with how you appear before God, concern yourself with the idea which God has of you.

Vida de Don Quixote y Sancho, 1914

El '¿y si hay?' y el '¿y si no hay?' son las bases de nuestra vida íntima.
Is there? Is there not? – these are the bases of our inner life.

El hombre, por ser hombre, por tener conciencia, es ya, respecto al burro o a un cangrejo, un animal enfermo. La conciencia es una enfermedad.
Man, because he is a man, because he is conscious, is, compared with an ass or a crab, already a diseased animal. Consciousness is a disease.

Del Sentimiento Trágico de la Vida

En cuanto a Alemania, es ésta desde hace algunos años una nación de faquires que se pasan la vida contemplando el ombligo imperial germánico.
Germany, for some years now, has been a nation of fakirs who spend their lives contemplating the imperial Germanic navel.

La Supuesta Anormalidad Española

*La paz entre estas dos potencias razón y sentimiento, se
hace imposible, y hay que vivir de su guerra. Y hacer de
ésta, de la guerra misma, condición de nuestra vida
espiritual.*

Between these two powers, reason and feeling, there
can never be peace, and we must live with their war.
We must make this war the condition of our spiritual
life.

*No, no quiero ese mundo. Me aturde, me marea y me
confunde. Sus hombres y sus cosas revolotean zumbando en
torno de mi espíritu y me impiden soñar; son como nube de
langosta que me vela mis luceros.*

No, I don't love this world. It perplexes me, makes me
feel sick and confuses me. Its men and its things
flutter and buzz arounnd my spirit and prevent me
from dreaming; they are like a cloud of locusts
blocking out my stars.

   Después de una Conversación

*No suelen ser nuestras ideas las que nos hacen optimistas o
pesimistas, sino que es nuestro optimismo o nuestro
pesimismo, de origen fisiológico o patológico quizás... el que
hace nuestras ideas.*

It is not normally our ideas which make us optimists
or pessimists, but our optimism or pessimism,
perhaps of physiological or pathological origin, which
forms our ideas.

   Del Sentimiento Trágico de la Vida

Pues bien, mi señor don Miguel, también usted se morirá, también usted, y se volverá a la nada de que salió...! Dios dejará de soñarle!

Well then, my lord don Miguel, you also will die, and return to nothingness from whence you came... God will stop dreaming of you.

Niebla, 1914

Todo lo vital es irracional, y todo lo racional es antivital, porque la razón es esencialmente escéptica.

All that is vital is irrational, and all that is rational is anti-vital, for reason is essentially sceptical.

Del Sentimiento Trágico de la Vida

¡Tu historia!, ¡qué naufragio en mar profundo! ¡Pero no importa, porque ella es corta, pasa, y la muerte es larga, larga como el amor!

Your [i.e.Spain's] history; what a shipwreck in the ocean's deep! But it is of no importance, for history is short and it passes, whereas death is long – long as love!

En Gredos

Una fe que no duda es una fe muerta.

A faith which does not doubt is a dead faith.

La Agonía del Cristianismo

Vencer no es convencer.

To conquer is not to convince.

Speech at Salamanca University, 1936

¡Y Dios no te dé paz y sí gloria!
May God give you not peace but glory!
   Conclusión

Juan Meléndez Valdés (1754-1817)

Los ojos tristes, de llorer cansados,
Alzando al cielo, su clemencia implore;
Mas vuelven luego al encendido lloro,
Que el grave peso no les sufre alzados.
Worn out with weeping, I raise my sad gaze to heaven,
imploring its mercy; but then I begin to weep still
more, so that my heavy sorrow prevents my looking
upward any longer.
   El Despecho

Palacio Valdés (1853-1938)

La admiración es bien recibida aunque venga de los tontos.
Admiration is always welcome even when it comes
from stupid people.

La vida no se nos ha dado para ser felices, sino para
merecer serlo.
Life has not been given us to be happy but to deserve
to be.

Antonio Buero Vallejo (1916-2000)

Hay que tener razón, pero no a destiempo.
One must be right but not at the wrong time.
   Diálogo Secreto

La vida es trivial. ¡Afortunadamente!
Life is trivial. Fortunately!
   El Tragaluz

Yo nací un día que Dios estuvo enfermo.
I was born on a day God was ill.

Ramón María del Valle-Inclán (1866-1936)
El ciego se entera mejor de las cosas del mundo, los ojos son unos ilusionados embusteros.
A blind man actually knows more about the ways of the world because the eyes are only hopeful deceivers.
   Luces de Bohemia

Las almas enamoradas y enfermas son tal vez las que tejen los más hermosos sueños de la ilusion.
Souls that are sick and in love are perhaps more prone than others to dream dreams and weave illusions.
   Sonata de Otoño

Lo major de la santidad son las tentaciones.
The best thing about sanctity is the temptation.

Yo no cambio mi bautismo de cristiano por la sonrisa de un cínico griego. Yo espero ser eterno por mis pecados.
I'll not change my Christian baptism for the smile of a cynical Greek. I expect to be eternal because of my sins.
   El Marques de Bradomín. Luces de Bohemia

Félix Lope de Vega (1562-1635)

En nuestro mortal estambre,
Lo que adelgaza es el hambre.
Hunger it is that puts to proof
The fineness of our mortal woof.

Los Mialgros del Desprecio

Hoy la Nave del contento
Con viento en popa de gusto,
Donde jamás hay disgusto.
Today the ship of contentment set sail with a
favourable wind for a country where there are no
troubles.

Hoy la Nave del Deleite

Garcilaso de la Vega (c 1501-36)

Aquéste es de los hombres el oficio: tentar el mal, y si es
malo el suceso, pedir con humildad perdón del vicio.
This is man's role: to try evil, and, if the outcome be
evil, humbly to ask forgiveness for the act of depravity

Égloga 2

El más discreto hablar no es santo como el silencio.
The wisest speech is less holy than silence.

La Dama Boba

Jerónimo de Villaizan

En vano a la puerta llama
Quien dentro la flecha tiene.
In vain the outward wound to heal,
And leave the arrow head within.

Sufrir Más por Querer Más

Llorenc Villalonga (1897-1980)

El presente no existe, es un punto entre la ilusión y la añoranza.

The present does not exist, it is a point between illusion and nostalgia.

Bearn

Guillermo Pérez Villalta (born 1948)

El azar es el orden del tiempo.

Chance is time's order.

Manuel Viola (1919-87)

El objetivo final del arte es mostrar los tejidos internos del alma.

Art's ultimate objective is to reveal the inward stuff of the soul.

Attrib.

Juan Luis Vives (1492-1540)

El vino es sepulture de la memoria.

Wine is the tomb of memory.

Introducción a la Sabiduría

Charles Yriarte (1832-98)

Lo importante y raro
No es entender de todo,
Sino ser discreto en algo.

That which first and rarest is
Is not to seek all things to know,
But sense in certain things to show.

Fábulas Literarias

Zavala y Zamora (1762-1824)

El que no tiene la cola de paja, no debe temer el fuego.
He who has not a tail of straw needs not fear the fire.
  El Triunfo del Amor y Amistad

María Zambrano (1904-91)

El hombre es un ser escondido en sí mismo.
Man is a being hidden inside himself.
  Claros del Bosque

El poder tiende a ser taciturno.
Power tends to be taciturn.
  España Despierta Soñándose.

INDEX